Essais

Michel de Montaigne – Les Essais – Livre III, chapitre 6 « Des Coches » [B] Il est bien aisé à vérifier, que les grands auteurs, écrivant des causes, ne se servent pas seulement de celles qu'ils estiment être vraies, mais de celles encore qu'ils ne croient pas, pourvu qu'elles aient quelque invention et beauté. Ils disent assez véritablement et utilement, s'ils disent ingénieusement. Nous ne pouvons nous assurer de la maîtresse cause ; nous en entassons plusieurs, voir si par rencontre elle se trouvera en ce nombre, namque unam dicere causam non satis est, verum plures, unde una tamen sit. (Car il ne suffit pas d'avancer une cause : il faut en proposer plusieurs, dont une seule pourtant sera la vraie.) Me demandez vous d'où vient cette coutume, de bénir ceux qui éternuent ? Nous produisons trois sortes de vents. Celui qui sort par en bas est trop sale. Celui qui sort par la bouche porte quelque reproche de gourmandise. Le troisième est l'éternuement. Et parce qu'il vient de la tête, et est sans blâme, nous lui faisons cet honnête recueil* (accueil). Ne vous moquez pas de cette subtilité ; elle est (dit- on) d'Aristote. Il me semble avoir vu en Plutarque (qui est, de tous les auteurs que je connaisse celui qui a mieux mêlé l'art à la nature, et le jugement à la science), rendant la cause du soulèvement d'estomac qui advient à ceux qui voyagent en mer, que cela leur arrive de crainte, ayant trouvé quelque raison par laquelle il prouve que la crainte peut produire un tel effet. Moi, qui y suis fort sujet, sais bien que cette cause ne me touche pas, et le sais non par argument, mais par nécessaire* (démonstrative) expérience. Sans alléguer ce qu'on m'a dit, qu'il en arrive de même souvent aux bêtes, et notamment aux pourceaux, hors de toute appréhension de danger ; et ce qu'un mien connaissant m'a témoigné de soi, qu'y étant fort sujet, l'envie de vomir lui était passée deux ou trois fois, se trouvant pressé de frayeur en grande tourmente, [C] comme à cet ancien : pejus vexabar quam ut periculum mihi succurreret (j'étais trop violemment secoué pour penser au danger) : [B] je n'eus jamais peur sur l'eau, comme je n'ai aussi ailleurs (et s'en est assez souvent offert de justes, si la mort l'est) qui m'ait au moins troublé ou ébloui. Elle naît parfois de faute de jugement, comme de faute de cœur. Tous les dangers que j'ai vus, ç'a été les yeux ouverts, la vue libre, saine et entière : encore faut-il du courage à craindre. Il me servit autrefois, au prix* (en comparaison) d'autres, pour conduire et tenir en ordre ma fuite, qu'elle fût, [C] sinon sans crainte, toutefois [B] sans effroi et sans étonnement ; elle était émue, mais non pas étourdie ni éperdue. Les grandes âmes vont bien plus outre, et représentent des fuites non rassisses seulement et saines, mais fières. Disons celle qu'Alcibiade récite de Socrate, son compagnon d'armes : "je le trouvai (dit-il) après la route* (déroute) de notre armée, lui et Lachès, des derniers entre les fuyants ; et le considérai tout à mon aise et en sûreté, car j'étais sur un bon cheval et lui à pied, et avions ainsi combattu. Je remarquai premièrement combien il montrait d'avisement et de résolution au prix de Lachès, et puis la braverie de son marcher, nullement différent du sien ordinaire, sa vue ferme et réglée, considérant et jugeant ce qui se passait autour de lui, regardant tantôt les uns, tantôt les autres, amis et ennemis, d'une façon qui encourageait les uns et signifiait aux autres qu'il était pour vendre bien cher son sang et sa vie à qui essayerait de la lui ôter ; et se sauvèrent ainsi : car volontiers* (fréquemment) on n'attaque pas ceux-ci ; on court après les effrayés. "Voilà le témoignage de ce grand capitaine, qui nous apprend, ce que nous essayons* (mettons à l'épreuve) tous les jours, qu'il n'est rien qui nous jette tant aux dangers qu'une faim inconsidérée de nous en mettre hors. [C] Quo timoris minus est, eo minus ferme periculi est. (Moins on a peur, moins d'ordinaire on est en danger.) [B] Notre peuple a tort de dire : celui-là craint la mort, quand il veut exprimer qu'il y songe et qu'il la prévoit. La prévoyance convient également à ce qui nous touche en bien et en mal. Considérer et juger le danger est aucunement le rebours de s'en étonner. Je ne me sens pas assez fort pour soutenir le coup et l'impétuosité de cette passion de la peur, ni d'autre véhémente. Si j'en étais un coup vaincu et atterré, je ne m'en relèverais jamais bien entier. Qui aurait fait perdre pied à mon âme, ne la remettrait jamais droite en sa place ; elle se retâte et recherche trop vivement et profondément, et pourtant, ne lairrait jamais ressouder et consolider la plaie qui l'aurait percée. Il m'a bien pris qu'aucune maladie ne me l'ait encore démise. À chaque charge qui me vient, je me présente et oppose en mon haut appareil ; ainsi, la première qui m'emporterait me mettrait sans ressource. Je n'en fais point à deux ; par quelque endroit que le ravage fauchât ma levée, me voilà ouvert et noyé sans remède. [C] Épicure dit que le sage ne peut jamais passer à un état contraire. J'ai quelque opinion de l'envers de cette sentence, que, qui aura été une fois bien fol, ne sera nulle autre fois bien sage. [B] Dieu donne le froid selon la robe, et me donne les passions selon le moyen que j'ai de les soutenir. Nature, m'ayant découvert d'un côté, m'a couvert de l'autre ; m'ayant désarmé de force, m'a armé d'insensibilité et d'une appréhension réglée, ou mousse. Or je ne puis souffrir longtemps (et les souffrais plus difficilement en jeunesse) ni coche, ni litière, ni bateau ; et hais toute autre voiture* (moyen de transport) que de cheval, et en la ville et aux champs. Mais je puis souffrir la litière moins qu'un coche et, par même raison, plus aisément une agitation rude sur l'eau, d'où se produit la peur, que le mouvement qui se sent en temps calme. Par cette légère secousse que les avirons donnent, dérobant le vaisseau sous nous, je me sens brouiller, je ne sais comment, la tête et l'estomac, comme je ne puis souffrir sous moi, un siège tremblant. Quand la voile ou le cours de l'eau nous emporte également, ou qu'on nous toue, cette agitation unie ne me blesse aucunement : c'est un remuement interrompu qui m'offense* (incommode), et plus quand il est languissant. Je ne saurais autrement peindre sa forme. Les médecins m'ont ordonné de me presser et sangler d'une serviette le bas du ventre pour remédier à cet accident ; ce que je n'ai point essayé, ayant accoutumé de lutter les défauts qui sont en moi et les dompter par moi même. [C] Si j'en avais la mémoire suffisamment informée, je ne plaindrais mon temps à dire ici l'infinie variété que les histoires nous présentent de l'usage des coches au service de la guerre, divers selon les nations, selon les siècles, de grand effet, ce me semble, et nécessité ; si que c'est merveille que nous en ayons perdu toute connaissance. J'en dirai seulement ceci, que tout fraîchement, du temps de nos pères, les Hongres les mirent très utilement en besogne contre les Turcs, en chacun y ayant un rondellier et un mousquetaire, et nombre de harquebuses rangées, prêtes et chargées : le tout couvert d'une pavesade à la mode d'une galiote. Ils faisaient front à leur bataille* (gros des troupes) de trois mille tels coches, et, après que le canon avait joué, les faisaient tirer avant et avaler aux ennemis cette salve avant que de tâter le reste, qui* (ce qui) n'était pas un léger avancement ; ou les décochaient dans leurs escadrons pour les rompre et y faire jour, outre le secours qu'ils en pouvaient tirer pour flanquer en lieux chatouilleux les troupes marchant en la campagne, ou à couvrir un logis à la hâte et le fortifier. De mon temps, un gentilhomme, en l'une de nos frontières, impost de sa personne et ne trouvant cheval capable de son poids, ayant une querelle, marchait par pays en coche de même cette peinture, et s'en trouvait très bien. Mais laissons ces coches guerriers. Les Rois de notre première race marchaient en pays sur un charriot traîné par quatre bœufs. [B] Marc Antoine fut le premier qui se fit mener à Rome, et une garce ménétrière quand et lui, par des lions attelés à un coche. Héliogabalus en fit depuis autant, se disant Cybèle, la mère des dieux, et aussi par des tigres, contrefaisant le Dieu Bacchus ; il attela aussi par fois deux cerfs à son coche, et une autre fois quatre chiens, et encore quatre garces nues, se faisant traîner par elles en pompe tout nu. L'empereur Firmus fit mener son coche à des autruches de merveilleuse grandeur, de manière qu'il semblait plus voler que rouler. L'étrangeté de ces inventions me met en tête cette autre fantaisie : que c'est une espèce de pusillanimité aux monarques, et un témoignage de ne sentir point assez ce qu'ils sont, de travailler à se faire valoir et paraître par dépenses excessives. Ce serait choses excusables en pays étranger ; mais, parmi ses sujets, où il peut tout, il tire de sa dignité le plus extrême degré d'honneur où il puisse arriver. Comme à un gentilhomme il me semble qu'il est superflu de se vêtir curieusement* (soigneusement) en son privé ; sa maison, son train, sa cuisine, répondent assez de lui. [C] Le conseil qu'Isocrate donne à son Roi ne me semble sans raison : Qu'il soit splendide en meubles et ustensiles, d'autant que c'est une dépense de durée, qui passe jusques à ses successeurs ; et qu'il fuie toutes magnificences qui s'écoulent incontinent et de l'usage et de la mémoire. [B] J'aimais à me parer, quand j'étais cadet, à faute d'autre parure, et me seyait bien ; il en est sur qui les belles robes pleurent. Nous avons des contes merveilleux de la frugalité de nos Rois autour de leur personne, et en leurs dons ; grands Rois en crédit, en valeur et en fortune. Démosthène combat à outrance la loi de sa ville qui assignait les deniers publics aux pompes des jeux et de leurs fêtes ; il veut que leur grandeur se montre en quantité de vaisseaux bien équipés et bonnes armées bien fournies. [C] Et a l'on raison d'accuser Théophraste d'avoir établi, en son livre Des richesses, un avis contraire, et maintenu telle nature de dépense être le vrai fruit de l'opulence. Ce sont plaisirs, dit Aristote, qui ne touchent que la plus basse commune* (peuple), qui s'évanouissent de mémoire aussitôt qu'on en est rassasié et desquels nul homme judicieux et grave ne peut faire estime. L'emploite me semblerait bien plus royale comme plus utile, juste et durable en ports, en havres, fortifications et murs, en bâtiments somptueux, en églises, hôpitaux, collèges, reformation de rues et chemins. En quoi le pape Grégoire treizième a laissé sa mémoire recommandable de mon temps, et en quoi notre Reine Catherine témoignerait à longues années sa libéralité naturelle et munificence, si ses moyens suffisaient à son affection. La Fortune m'a fait grand déplaisir d'interrompre la belle structure du pont neuf de notre grande ville et m'ôter l'espoir avant de mourir d'en voir en train l'usage. [B] Outre ce, il semble aux sujets, spectateurs de ces triomphes, qu'on leur fait montre de leurs propres richesses et qu'on les festoie à leurs dépens. Car les peuples présument volontiers des Rois, comme nous faisons de nos valets, qu'ils doivent prendre soin de nous apprêter en abondance tout ce qu'il nous faut, mais qu'ils n'y doivent aucunement toucher de leur part. Et pour tant l'Empereur Galba, ayant pris plaisir à un musicien pendant son souper, se fit apporter sa boîte* (cassette) et lui donna en sa main une poignée d'écus qu'il y pêcha, avec ces paroles : "ce n'est pas du public, c'est du mien." Tant y a qu'il advient le plus souvent que le peuple a raison, et qu'on repaît ses yeux de ce de quoi il avait à paître son ventre. La libéralité même n'est pas bien en son lustre en mains souveraines ; les privés y ont plus de droit ; car, à le prendre exactement, un Roi n'a rien proprement sien ; il se doit soi-même à autrui. [C] La juridiction ne se donne point en faveur du juridiciant, c'est en faveur du juridicié. On fait un supérieur, non jamais pour son profit, ains pour le profit de l'inférieur, et un médecin pour le malade, non pour soi. Toute magistrature, comme toute art jette sa fin hors d'elle : Nulla ars in se versatur. (Aucune technique ne se prend elle-même pour fin). [B] Par quoi les gouverneurs de l'enfance des princes, qui se piquent à leur imprimer cette vertu de largesse, et les prêchent de ne savoir rien refuser et n'estimer rien si bien employé que ce qu'ils donneront (instruction que j'ai vu en mon temps fort en crédit), ou ils regardent plus à leur profit qu'à celui de leur maître, ou ils entendent mal à qui ils parlent. Il est trop aisé d'imprimer la libéralité en celui qui a de quoi y fournir autant qu'il veut, aux dépens d'autrui. [C] Et son estimation se réglant non à la mesure du présent, mais à la mesure des moyens de celui qui l'exerce, elle vient à être vaine en mains si puissantes. Ils se trouvent prodigues avant qu'ils soient libéraux. [B] Pour tant est elle de peu de recommandation, au prix d'autres vertus royales, et la seule, comme disait le tyran Dionysius, qui se comporte bien avec la tyrannie même. Je lui apprendrai plutôt ce verset du laboureur ancien : Tè cheiri dei speirein, alla mè olô tô thulakô (Il faut semer à poignées, non pas en versant tout le sac) qu'il faut, à qui en veut retirer fruit, semer de la main, non pas verser du sac [C] — il faut épandre le grain, non pas le répandre — [B] et qu'ayant à donner ou, pour mieux dire, à payer et rendre à tant de gens selon qu'ils l'ont déservi, il en doit être loyal et avisé dispensateur. Si la libéralité d'un prince est sans discrétion* (discernement) et sans mesure, je l'aime mieux avare. La vertu Royale semble consister le plus en la justice ; et de toutes les parties de la justice celle là remarque mieux les Rois, qui accompagne la libéralité ; car ils l'ont particulièrement réservée à leur charge, là où toute autre justice, ils l'exercent volontiers par l'entremise d'autrui. L'immodérée largesse est un moyen faible à leur acquérir bienveuillance ; car elle rebute plus de gens qu'elle n'en pratique* (gagne). [C] Quo in plures usus sis, minus in multos uti possis. Quid autem est stultius quam quod libenter facias, curare ut id diutius facere non possis ? (Plus on a été libéral, moins on peut l'être. Est-il plus grande sottise que de travailler à se rendre incapable de continuer à faire ce que l'on fait volontiers ?) [B] Et, si elle est employée sans respect du mérite, fait vergogne à qui la reçoit ; et se reçoit sans grâce. Des tyrans ont été sacrifiés à la haine du peuple par les mains de ceux mêmes lesquels ils avaient iniquement avancés, telle manière d'hommes estimant assurer la possession des biens indûment reçu en montrant avoir à mépris et haine celui de qui ils les tenaient, et se ralliant au jugement et opinion commune en cela. Les sujets d'un prince excessif en dons se rendent excessifs en demandes ; ils se taillent* (mesurent) non à la raison, mais à l'exemple. Il y a certes souvent de quoi rougir de notre impudence ; nous sommes surpayés selon justice quand la récompense égale notre service, car n'en devons nous rien à nos princes d'obligation naturelle ? S'il porte notre dépense, il fait trop ; c'est assez qu'il l'aide ; le surplus s'appelle bienfait, lequel ne se peut exiger, car le nom même de libéralité sonne liberté. À notre mode, ce n'est jamais fait ; le reçu ne se met plus en compte ; on n'aime la libéralité que future : par quoi plus un prince s'épuise en donnant, plus il s'appauvrit d'amis. [C] Comment assouvirait il des envies qui croissent à mesure qu'elles se remplissent ? Qui a sa pensée à prendre, ne l'a plus à ce qu'il a pris. La convoitise n'a rien si propre que d'être ingrate. L'exemple de Cyrus ne duira pas mal en ce lieu pour servir aux Rois de ce temps de touche (moyen d'appréciation) à reconnaître leurs dons bien ou mal employés, et leur faire voir combien cet Empereur les assénait* (assignait) plus heureusement qu'ils ne font. Par où ils sont réduits de faire leurs emprunts sur les sujets inconnus, et plutôt sur ceux à qui ils ont fait du mal, que sur ceux à qui ils ont fait du bien ; et n'en reçoivent aides où il y aie rien de gratuit que le nom. Crésus lui reprochait sa largesse et calculait à combien se monterait son trésor, s'il eût eu les mains plus restreintes. Il eut envie de justifier sa libéralité ; et dépêchant de toutes parts vers les grands de son état, qu'il avait particulièrement avancés, pria chacun de le secourir d'autant d'argent qu'il pourrait à une sienne nécessité, et le lui envoyer par déclaration. Quand tous ces bordereaux lui furent apportés, chacun de ses amis, n'estimant pas que ce fut assez faire de lui en offrir autant seulement qu'il en avait reçu de sa munificence, y en mêlant du sien plus propre beaucoup, il se trouva que cette somme se montait bien plus que l'épargne de Crésus. Sur quoi lui dit Cyrus : "Je ne suis pas moins amoureux des richesses que les autres Princes et en suis plutôt plus ménager. Vous voyez à combien peu de mise j'ai acquis le trésor inestimable de tant d'amis ; et combien ils me sont plus fidèles trésoriers que ne seraient des hommes mercenaires sans obligation, sans affection, et ma chevance mieux logée qu'en des coffres, appelant sur moi la haine, l'envie et le mépris des autres princes." [B] Les Empereurs tiraient excuse à la superfluité de leurs jeux et montres publiques, de ce que leur autorité dépendait aucunement (au moins par apparence) de la volonté du peuple Romain, lequel avait de tout temps accoutumé d'être flatté par telle sorte de spectacles et excès. Mais c'étaient particuliers qui avaient nourri cette coutume de gratifier leurs concitoyens et compagnons principalement sur leur bourse par telle profusion et magnificence : elle eut tout autre goût quand ce furent les maîtres qui vinrent à l'imiter. [C] Pecuniarum translatio a justis dominis ad alienos non debet liberalis videri. (Prendre de l'argent à ses légitimes propriétaires pour le donner à des étrangers, cela ne doit pas être considéré comme une libéralité). Philippus, de ce que son fils essayait par présents de gagner la volonté des Macédoniens, l'en tança par une lettre en cette manière : "Quoi ? as-tu envie que tes sujets te tiennent pour leur boursier, non pour leur Roi ? veux-tu les pratiquer, pratique les des bienfaits de ta vertu, non des bienfaits de ton coffre." [B] C'était pourtant une belle chose, d'aller faire apporter et planter en la place aux arènes une grande quantité de gros arbres, tous branchus et tous verts, représentant une grande forêt ombrageuse, départie en belle symétrie, et, le premier jour, jeter là dedans mille autruches, mille cerfs, mille sangliers et mille daims, les abandonnant à piller au peuple ; le lendemain, faire assommer en sa présence cent gros lions, cent léopards, et trois cents ours, et, pour le troisième jour, faire combattre à outrance trois cents paires de gladiateurs, comme fit l'Empereur Probus. C'était aussi belle chose à voir ces grands amphithéâtres encroûtés de marbre, au dehors, labouré* (travaillé) d'ouvrages et statues, le dedans reluisant de plusieurs rares enrichissements, Baltheus in gemmis, en illita porticus auro... (Voilà le déambulatoire émaillé de pierres précieuses, voici le portique couvert d'or...) Tous les côtés de ce grand vide remplis et environnés, depuis le fond jusques au comble, de soixante ou quatre-vingts rangs d'échelons, aussi de marbre, couverts de carreaux* (coussins carrés), exeat, inquit, si pudor est, et de pulvino surgat equestri, cujus res legi non sufficit ; (Qu'il sorte, dit-il, s'il n'est pas un impudent, qu'il quitte les coussins réservés aux chevaliers, lui qui n'a pas la fortune requise par la loi.) où se pût ranger cent mille hommes assis à leur aise ; et la place du fond, où les jeux se jouaient, la faire premièrement, par art, entrouvrir et fendre en crevasses représentant des antres qui vomissaient les bêtes destinées au spectacle ; et puis secondement l'inonder d'une mer profonde, qui charriait force monstres marins, chargée de vaisseaux armés, à représenter une bataille navale ; et tiercement, l'aplanir et assécher de nouveau pour le combat des gladiateurs ; et, pour la quatrième façon, la sabler de vermillon et de storax, au lieu d'arène* (sable), pour y dresser un festin solemne à tout ce nombre infini de peuple, le dernier acte d'un seul jour. quoties nos descendentis arenae Vidimus in partes, ruptaque voragine terrae Emersisse feras, et iisdem saepe latebris Aurea cum croceo creverunt arbuta libro. Nec solum nobis silvestria cernere monstra Contigit, aequoreos ego cum certantibus ursis Spectavi vitulos, et equorum nomine dignum, Sed deforme pecus. (Combien de fois avons-nous vu l'arène s'abaisser par endroits, et de l'abîme ouvert dans la terre surgir des bêtes sauvages, puis monter des mêmes profondeurs des arbres d'or à l'écorce safranée. Et nous avons pu y contempler non seulement les monstres des forêts, mais aussi des veaux marins aux prises avec des ours, et le troupeau des « chevaux de fleuve », bien nommés s'ils n'étaient difformes.) Quelquefois on y a fait naître une haute montagne pleine de fruitiers et arbres verdoyants, rendant par son faîte un ruisseau d'eau, comme de la bouche d'une vive fontaine. Quelquefois on y promena un grand navire qui s'ouvrait et déprenait de soi-même, et après avoir vomi de son ventre quatre ou cinq cents bêtes à combat, se resserrait et s'évanouissait, sans aide. Autres fois, du bas de cette place, ils faisaient élancer des surgeons et filets d'eau qui rejaillissaient contremont, et, à cette hauteur infinie, allaient arrosant et embaumant cette infinie multitude. Pour se couvrir de l'injure du temps, ils faisaient tendre cette immense capacité, tantôt de soie d'une ou autre couleur, et les avançaient et retiraient en un moment, comme il leur venait en fantaisie : Quamvis non modico caleant spectacula sole, vela reducuntur, cum venit Hermogenes. (Même si un soleil ardent surchauffe le théâtre, on retire les voiles à l'arrivée d'Hermogène.) Les rets aussi qu'on mettait au devant du peuple, pour le défendre de la violence des ces bêtes élancées, étaient tissus d'or : auro quoque torta refulgent retia. (Les filets aussi resplendissent de l'or dont ils sont tressés.) S'il y a quelque chose qui soit excusable en tels excès, c'est où l'invention et la nouveauté fournit d'admiration, non pas la dépense. En ces vanités même nous découvrons combien ces siècles étaient fertiles d'autres esprits que ne sont les nôtres. Il va de cette sorte de fertilité comme il fait de toutes autres productions de la nature. Ce n'est pas à dire qu'elle y ait lors employé son dernier effort. Nous n'allons point, nous rôdons plutôt, et tournoyons çà et là. Nous nous promenons sur nos pas. Je crains que notre connaissance soit faible en tous sens, nous ne soyons ni guère loin, ni guère arrière ; elle embrasse peu et vit peu, courte et en étendue de temps et en étendue de matière : Vixere fortes ante Agamemnona Multi, sed omnes illachrimabiles Urgentur ignotique longa Nocte... Et supera bellum Thebanum et funera Trojae, Multi alias alii quoque res cecinere poetae. (Bien des héros ont vécu avant Agamemnon, mais pour eux pas une larme, tous restent inconnus dans la nuit sans fin qui les ensevelit... Et avant la guerre de Troie, avant la ruine de Troie, d'autres désastres avaient été chantés par d'autres poètes.) [C] Et la narration de Solon, sur ce qu'il avait appris des prêtres d'Égypte de la longue vie de leur état et manière d'apprendre et conserver les histoires étrangères, ne me semble témoignage de refus en cette considération. Si interminatam in omnes partes magnitudinem regionum videremus et temporum, in quam se injiciens animus et intendens ita late longeque peregrinatur ut nullam oram ultimi videat in qua possit insistere : in hac immensitate infinita vis innumerabilium appareret formarum. (Si nous pouvions voir l'étendue de l'espace et du temps, illimitée de toutes parts, vers laquelle l'esprit se tend et s'élance, et qu'il parcourt dans toutes les directions sans jamais trouver un ultime rivage où reprendre pied : dans cette immensité se révélerait une infinie quantité d'être, sous des formes innombrables.) [B] Quand tout ce qui est venu par rapport du passé jusques à nous serait vrai et serait su par quelqu'un, ce serait moins que rien au prix de ce qui est ignoré. Et de cette même image du monde qui coule pendant que nous y sommes, combien chétive et racourcie est la connaissance des plus curieux ! Non seulement des événements particuliers que fortune rend souvent exemplaires, et pesants, mais de l'état des grandes polices et nations, il nous en échappe cent fois plus qu'il n'en vient à notre science. Nous nous écrions du miracle de l'invention de notre artillerie, de notre impression* (imprimerie) ; d'autres hommes, un autre bout du monde à la Chine, en jouissait mille ans auparavant. Si nous voyons autant du monde comme nous n'en voyons pas, nous apercevrions, comme il est à croire, une perpétuelle multiplication et vicissitude* (changements successifs) de formes. Il n'y a rien de seul et rare eu égard à nature, oui bien eu égard à notre connaissance, ce qui est un misérable fondement de nos règles et qui nous représente volontiers une très fausse image des choses. Comme vainement nous concluons aujourd'hui l'inclination* (déclin) et la décrépitude du monde par les arguments que nous tirons de notre propre faiblesse et décadence, Jamque adeo affecta est aetas, affectaque tellus ; (Désormais notre époque a perdu ses forces, et la terre également) ainsi vainement concluait cettui-là sa naissance et jeunesse, par la vigueur qu'il voyait aux esprits de son temps, abondants en nouvelletés et inventions de divers arts : Verum, ut opinor, habet novitatem summa, recensque Natura est mundi, neque pridem exordia cepit : Quare etiam quaedam nunc artes expoliuntur, Nunc etiam augescunt, nunc addita navigiis sunt Multa. (À mon avis, au contraire, l'ensemble du monde est dans sa nouveauté, son origine est récente, et il n'y a pas longtemps qu'il a pris naissance. C'est pourquoi de nos jours encore certaines techniques s'affinent et se développent, de nos jours les navires reçoivent de nouveaux gréements.) Notre monde vient d'en trouver un autre (et qui nous répond si c'est le dernier de ses frères, puis que les Démons, les Sibylles et nous, avons ignoré cettui-ci jusqu'asteure ?) non moins grand, plein et membru que lui, toutefois si nouveau et si enfant qu'on lui apprend encore son a b c ; il n'y a pas cinquante ans qu'il ne savait ni lettres, ni poids, ni mesure, ni vêtements, ni blés, ni vignes. Il était encore tout nu au giron, et ne vivait que des moyens de sa mère nourrice. Si nous concluons bien de notre fin, et ce poète de la jeunesse de son siècle, cet autre monde ne fera qu'entrer en lumière quand le nôtre en sortira. L'univers tombera en paralysie ; l'un membre sera perclus, l'autre en vigueur. Bien crains-je que nous aurons bien fort hâté sa déclinaison et sa ruine par notre contagion, et que nous lui aurons bien cher vendu nos opinions et nos arts. C'était un monde enfant ; si ne l'avons nous pas fouetté et soumis à notre discipline et par l'avantage de notre valeur et forces naturelles, ni ne l'avons pratiqué* (gagné) par notre justice et bonté, ni subjugué par notre magnanimité. La plupart de leurs réponses et des négociations faites avec eux témoignent qu'ils ne nous devaient rien en clarté d'esprit naturelle et en pertinence. L'épouvantable magnificence des villes de Cuzco et de Mexico, et, entre plusieurs choses pareilles, le jardin de ce Roi, où tous les arbres, les fruits et toutes les herbes, selon l'ordre et grandeur qu'ils ont en un jardin, étaient excellemment formés en or ; comme en son cabinet, tous les animaux qui naissaient en son état et en ses mers ; et la beauté de leurs ouvrages en pierreries, en plume, en coton, en la peinture, montrent qu'ils ne nous cédaient non plus en l'industrie. Mais, quant à la dévotion, observance des lois, bonté, libéralité, loyauté, franchise, il nous a bien servi de n'en avoir pas tant qu'eux ; ils se sont perdus par cet avantage, et vendus, et trahis eux mêmes. Quant à la hardiesse et courage, quant à la fermeté, constance, résolution contre les douleurs et la faim et la mort, je ne craindrais pas d'opposer les exemples que je trouverais parmi eux aux plus fameux exemples anciens que nous avons aux mémoires de notre monde par deçà. Car, pour ceux qui les ont subjugués, qu'ils ôtent les ruses et batelages de quoi ils se sont servis à les piper, et le juste étonnement qu'apportait à ces nations là de voir arriver si inopinément des gens barbus, divers en langage, religion, en forme et en contenance, d'un endroit du monde si éloigné et où ils n'avaient jamais imaginé qu'il y eut habitation quelconque, montés sur des grands monstres inconnus, contre ceux qui n'avaient non seulement jamais vu de cheval, mais bête quelconque duite à porter et soutenir homme ni autre charge ; garnis d'une peau luisante et dure et d'une arme tranchante et resplendissante, contre ceux qui, pour le miracle de la lueur d'un miroir ou d'un couteau, allaient échangeant une grande richesse en or et en perles, et qui n'avaient ni science ni matière par où tout à loisir ils sussent percer notre acier ; Ajoutez y les foudres et tonnerres de nos pièces et harquebuses, capables de troubler César même, qui l'en eut surpris autant inexpérimenté, et à cette heure, contre des peuples nus, si ce n'est où l'invention était arrivée de quelque tissu de coton, sans autres armes pour le plus que d'arcs, pierres, bâtons [C] et boucliers de bois ; [B] des peuples surpris, sous couleur d'amitié et de bonne foi, par la curiosité de voir des choses étrangères et inconnues : comptez, dis-je, aux conquérants cette disparité, vous leur ôtez toute l'occasion de tant de victoires. Quand je regarde cette ardeur indomptable de quoi tant de milliers d'hommes, femmes et enfants, se présentent et rejettent à tant de fois aux dangers inévitables, pour la défense de leurs dieux et de leur liberté ; cette généreuse obstination de souffrir toutes extrémités et difficultés, et la mort, plus volontiers que de se soumettre à la domination de ceux de qui ils ont été si honteusement abusés, et aucuns choisissant plutôt de se laisser défaillir par faim et par jeûne, étant pris que d'accepter le vivre des mains de leurs ennemis, si vilement victorieuses, je prévois que, à qui les eut attaqués pair à pair, et d'armes, et d'expérience, et de nombre, il y eut fait aussi dangereux, et plus, qu'en autre guerre que nous voyons. Que n'est tombée sous Alexandre ou sous ces anciens Grecs et Romains une si noble conquête, et une si grande mutation et altération de tant d'empires et de peuples sous des mains qui eussent doucement poli et défriché ce qu'il y avait de sauvage, et eussent conforté et promu les bonnes semences que nature y avait produit, mêlant non seulement à la culture des terres et ornement des villes les arts de deçà, en tant qu'elles y eussent été nécessaires, mais aussi mêlant les vertus Grecques et Romaines, aux originelles du pays ! Quelle réparation eût-ce été, et quel amendement à toute cette machine, que les premiers exemples et déportements nôtres qui se sont présentés par delà eussent appelé ces peuples à l'admiration et imitation de la vertu et eussent dressé entre eux et nous une fraternelle société et intelligence ! Combien il eût été aisé de faire son profit d'âmes si neuves, si affamées d'apprentissage, ayant pour la plupart de si beaux commencements naturels ! Au rebours, nous nous sommes servis de leur ignorance et inexpérience à les plier plus facilement vers la trahison, luxure, avarice et vers toute sorte d'inhumanité et de cruauté, à l'exemple et patron de nos mœurs. Qui mit jamais à tel prix le service de la mercadence et de la trafique ? Tant de villes rasées, tant de nations exterminées, tant de millions de peuples passés au fil de l'épée, et la plus riche et belle partie du monde bouleversée pour la négociation des perles et du poivre : mécaniques* (sordides) victoires. Jamais l'ambition, jamais les inimitiés publiques ne poussèrent les hommes les uns contre les autres à si horribles hostilités et calamités si misérables. En côtoyant la mer à la quête de leurs mines, aucuns Espagnols prirent terre en une contrée fertile et plaisante, fort habitée, et firent à ce peuple leurs remontrances accoutumées : Qu'ils étaient gens paisibles, venant de lointains voyages, envoyés de la part du Roi de Castille, le plus grand Prince de la terre habitable, auquel le Pape, représentant Dieu en terre, avait donné la principauté de toutes les Indes ; que, s'ils voulaient lui être tributaires, ils seraient très bénignement traités ; leur demandaient des vivres pour leur nourriture et de l'or pour le besoin de quelque médecine, leur remontraient au demeurant la créance d'un seul Dieu et la vérité de notre religion, laquelle ils leur conseillaient d'accepter, y ajoutant quelques menaces. La réponse fut telle : Que, quand à être paisibles, ils n'en portaient pas la mine, s'ils l'étaient ; quand à leur Roi, puisqu'il demandait, il devait être indigent et nécessiteux ; et celui qui lui avait fait cette distribution, homme aimant dissension, d'aller donner à un tiers chose qui n'était pas sienne, pour le mettre en débat contre les anciens possesseurs ; quant aux vivres, qu'ils leur en fourniraient ; d'or, ils en avaient peu, et que c'était chose qu'ils mettaient en nulle estime, d'autant qu'elle était inutile au service de leur vie, là où tout leur soin regardait seulement à la passer heureusement et plaisamment ; pourtant, ce qu'ils en pourraient trouver, sauf ce qui était employé au service de leurs dieux, qu'ils le prissent hardiment ; quant à un seul Dieu, le discours leur en avait plu, mais qu'ils ne voulaient changer leur religion, s'en étant si utilement servis si longtemps, et qu'ils n'avaient accoutumé prendre conseil que de leurs amis et connaissants. Quant aux menaces, c'était signe de faute de jugement d'aller menaçant ceux desquels la nature et les moyens étaient inconnus ; ainsi qu'ils se dépêchassent promptement de vider leur terre, car ils n'étaient pas accoutumés de prendre en bonne part les honnêtetés et remontrances de gens armés et étrangers ; autrement, qu'on ferait d'eux comme de ces autres — leur montrant les têtes d'aucuns hommes justiciés autour de leur ville. Voilà un exemple de la balbutie de cette enfance. Mais tant y a que ni en ce lieu-là, ni en plusieurs autres, où les Espagnols ne trouvèrent les marchandises qu'ils cherchaient, ils ne firent arrêt ni entreprise, quelque autre commodité qu'il y eut, témoin mes Cannibales. Des deux les plus puissants monarques de ce monde là, et, à l'aventure, de cettui-ci, rois de tant de Rois, les derniers qu'ils en chassèrent, celui du Pérou, ayant été pris en une bataille et mis à une rançon si excessive qu'elle surpasse toute créance, et celle là fidèlement payée, et avoir donné par sa conversation signe d'un courage franc, libéral et constant, et d'un entendement net et bien composé, il prit envie aux vainqueurs après en avoir tiré un million trois cens vingt cinq mille cinq cents pesant d'or, outre l'argent et autres choses qui ne montèrent pas moins, si que leurs chevaux n'allaient plus ferrés que d'or massif, de voir encore, au prix de quelque déloyauté que ce fut, quel pouvait être le reste des trésors de ce Roi, [C] et jouir librement de ce qu'il avait réservé. [B] On lui aposta une fausse accusation et preuve, qu'il desseignait de faire soulever ses provinces pour se remettre en liberté. Sur quoi, par beau jugement de ceux mêmes qui lui avaient dressé cette trahison, on le condamna à être pendu et étranglé publiquement, lui ayant fait racheter le tourment d'être brûlé tout vif par le baptême qu'on lui donna au supplice même. Accident horrible et inouï, qu'il souffrit pourtant sans se démentir ni de contenance, ni de parole, d'une forme et gravité vraiment royale. Et puis, pour endormir les peuples étonnés et transis de chose si étrange, on contrefit un grand deuil de sa mort, et lui ordonna l'on des somptueuses funérailles. L'autre, Roi de Mexico, ayant longtemps défendu sa ville assiégée et montré en ce siège tout ce que peut et la souffrance* (aptitude à subir) et la persévérance, si onques princes et peuple le montra, et son malheur l'ayant rendu vif entre les mains des ennemis, avec capitulation d'être traité en Roi (aussi ne leur fit-il rien voir, en la prison, indigne de ce titre) ; ne trouvant point après cette victoire tout l'or qu'ils s'étaient promis, après avoir tout remué et tout fouillé, se mirent à en chercher des nouvelles par les plus âpres gênes* (tortures) de quoi ils se purent aviser, sur les prisonniers qu'ils tenaient. Mais, n'ayant rien profité, trouvant des courages plus forts que leurs tourments, ils en vinrent enfin à telle rage que, contre leur foi et contre tout droit des gens, ils condamnèrent le Roi même et l'un des principaux seigneurs de sa cour à la gêne en présence l'un de l'autre. Ce seigneur, se trouvant forcé de douleur, environné de brasiers ardents, tourna sur la fin piteusement* (pitoyablement) sa vue vers son maître, comme pour lui demander merci de ce qu'il n'en pouvait plus. Le Roi, plantant fièrement et rigoureusement les yeux sur lui, pour reproche de sa lâcheté et pusillanimité, lui dit seulement ces mots, d'une voix rude et ferme : Et moi, suis-je dans un bain ? suis-je pas plus à mon aise que toi ? Celui-là, soudain après, succomba aux douleurs et mourut sur la place. Le Roi, à demi rôti, fut emporté de là, non tant par pitié (car quelle pitié toucha jamais des âmes qui, pour la douteuse information de quelque vase d'or à piller, fissent griller devant leurs yeux un homme, non qu'un Roi si grand et en fortune et en mérite ?) mais ce fut que sa constance rendait de plus en plus honteuse leur cruauté. Ils le pendirent depuis, ayant courageusement entrepris de se délivrer par armes d'une si longue captivité et sujétion, où il fit sa fin digne d'un magnanime prince. À une autre fois, ils mirent brûler pour un coup, en même feu, quatre cents soixante hommes tous vifs, les quatre cents du commun peuple, les soixante des principaux seigneurs d'une province, prisonniers de guerre simplement. Nous tenons d'eux-mêmes ces narrations, car ils ne les avouent pas seulement, il s'en vantent et les prêchent. Serait-ce pour témoignage de leur justice ? ou zèle envers la religion ? Certes, ce sont voies trop diverses et ennemies d'une si sainte fin. S'ils se fussent proposés d'étendre notre foi, ils eussent considéré que ce n'est pas en possession de terres qu'elle s'amplifie, mais en possession d'hommes, et se fussent trop contentés des meurtres que la nécessité de la guerre apporte, sans y mêler indifféremment une boucherie, comme sur des bêtes sauvages, universelle, autant que le fer et le feu y ont pu atteindre, n'en ayant conservé par leur dessein qu'autant qu'ils en ont voulu faire de misérables esclaves pour l'ouvrage et service de leurs minières ; si que plusieurs des chefs ont été punis à mort, sur les lieux de leur conquête, par ordonnance des Rois de Castille, justement offensés de l'horreur de leurs déportements et quasi tous désestimés et mal-voulus. Dieu a méritoirement permis que ces grands pillages se soient absorbés par la mer en les transportant, ou par les guerres intestines de quoi ils se sont entremangés entre eux, et la plus part s'enterrèrent sur les lieux, sans aucun fruit de leur victoire. Quant à ce que la recette, et entre les mains d'un prince ménager et prudent, répond si peu à l'espérance qu'on en donna à ses prédécesseurs, et à cette première abondance de richesse qu'on rencontra à l'abord de ces nouvelles terres (car, encore qu'on en retire beaucoup, nous voyons que ce n'est rien au prix de ce qui s'en devait attendre), c'est que l'usage de la monnaie était entièrement inconnu, et que par conséquent leur or se trouva tout assemblé, n'étant en autre service que de montre et de parade, comme un meuble réservé de père en fils par plusieurs puissants Rois, qui épuisaient toujours leurs mines pour faire ce grand monceau de vases et statues à l'ornement de leurs palais et de leurs temples, au lieu que notre or est tout en emploite et en commerce. Nous le menuisons et altérons en mille formes, l'épandons et dispersons. Imaginons que nos Rois amoncelassent ainsi tout l'or qu'ils pourraient trouver en plusieurs siècles, et le gardassent immobile. Ceux du Royaume de Mexico étaient aucunement plus civilisés et plus artistes que n'étaient les autres nations de là. Aussi jugeaient-ils, ainsi que nous, que l'univers fut proche de sa fin, et en prirent pour signe la désolation que nous y apportâmes. Ils croyaient que l'être du monde se départ en cinq âges et en la vie de cinq soleils consécutifs, desquels les quatre avaient déjà fourni leur temps, et que celui qui leur éclairait était le cinquième. Le premier périt avec toutes les autres créatures par universelle inondation d'eaux ; le second, par la chute du ciel sur nous, qui étouffa toute chose vivante, auquel âge ils assignent les géants, et en firent voir aux Espagnols des ossements à la proportion desquels la stature des hommes revenait à vingt paumes de hauteurs ; le troisième, par feu qui embrasa et consuma tout ; le quatrième, par une émotion* (mouvement violent) d'air et de vent qui abattit jusques à plusieurs montagnes ; les hommes n'en moururent point, mais ils furent changés en magots (quelles impressions ne souffre la lâcheté de l'humaine créance !) ; après la mort de ce quatrième Soleil, le monde fut vingt-cinq ans en perpétuelles ténèbres, au quinzième desquels fut créé un homme et une femme qui refirent l'humaine race ; dix ans après, à certain de leurs jours, le Soleil parut nouvellement créé ; et commence, depuis, le compte de leurs années par ce jour là. Le troisième de sa création, moururent les Dieux anciens ; les nouveaux sont nés depuis, du jour à la journée. Ce qu'ils estiment de la manière que ce dernier Soleil périra, mon auteur n'en a rien appris. Mais leur nombre de ce quatrième changement rencontre à cette grande conjonction des astres qui produisit, il y a huit cents tant d'ans, selon que les Astrologiens estiment, plusieurs grandes altérations et nouvelletés au monde. Quant à la pompe et magnificence, par où je suis entré en ce propos, ni Grèce, ni Rome, ni Égypte ne peut, soit en utilité, ou difficulté, ou noblesse, comparer aucun de ses ouvrages au chemin qui se voit au Pérou, dressé par les Rois du pays, depuis la ville de Quito jusques à celle de Cuzco (il y a trois cents lieues), droit, uni, large de vingt-cinq pas, pavé, revêtu de côté et d'autre de belles et hautes murailles, et le long d'icelles, par le dedans, deux ruisseaux pérennes, bordés de beaux arbres qu'ils nomment molly. Où ils ont trouvé des montagnes et rochers ils les ont taillés et aplanis, et comblé les fondrières de pierre et chaux. Au chef* (terme) de chaque journée, il y a de beaux palais fournis de vivres, de vêtements et d'armes, tant pour les voyageurs que pour les armées qui ont à y passer. En l'estimation de cet ouvrage, j'ay compté la difficulté, qui est particulièrement considérable en ce lieu là. Ils ne bâtissaient point de moindres pierres que de dix pieds en carré ; ils n'avaient autre moyen de charrier qu'à force de bras, en traînant leur charge ; et pas seulement l'art d'échafauder, n'y sachant autre finesse que de hausser autant de terre contre leur bâtiment, comme il s'élève, pour l'ôter après. Retombons à nos coches. En leur place, et de toute autre voiture, ils se faisaient porter par les hommes et sur leurs épaules. Ce dernier Roi du Pérou, le jour qu'il fut pris, était ainsi porté sur des brancards d'or, et assis dans une chaise d'or, au milieu de sa bataille. Autant qu'on tuait de ces porteurs pour le faire choir à bas, (car on le voulait prendre vif), autant d'autres, et à l'envie, prenaient la place des morts, de façon qu'on ne le peut onques abattre, quelque meurtre qu'on fit de ces gens là, jusques à ce qu'un homme de cheval l'alla saisir au corps, et l'avala par terre.

Michel de Montaigne – Les Essais – Livre III, chapitre 6 « Des Coches » [B] Il est bien aisé à vérifier, que les grands auteurs, écrivant des causes, ne se servent pas seulement de celles qu'ils estiment être vraies, mais de celles encore qu'ils ne croient pas, pourvu qu'elles aient quelque invention et beauté. Ils disent assez véritablement et utilement, s'ils disent ingénieusement. Nous ne pouvons nous assurer de la maîtresse cause ; nous en entassons plusieurs, voir si par rencontre elle se trouvera en ce nombre, namque unam dicere causam non satis est, verum plures, unde una tamen sit. (Car il ne suffit pas d'avancer une cause : il faut en proposer plusieurs, dont une seule pourtant sera la vraie.) Me demandez vous d'où vient cette coutume, de bénir ceux qui éternuent ? Nous produisons trois sortes de vents. Celui qui sort par en bas est trop sale. Celui qui sort par la bouche porte quelque reproche de gourmandise. Le troisième est l'éternuement. Et parce qu'il vient de la tête, et est sans blâme, nous lui faisons cet honnête recueil* (accueil). Ne vous moquez pas de cette subtilité ; elle est (dit- on) d'Aristote. Il me semble avoir vu en Plutarque (qui est, de tous les auteurs que je connaisse celui qui a mieux mêlé l'art à la nature, et le jugement à la science), rendant la cause du soulèvement d'estomac qui advient à ceux qui voyagent en mer, que cela leur arrive de crainte, ayant trouvé quelque raison par laquelle il prouve que la crainte peut produire un tel effet. Moi, qui y suis fort sujet, sais bien que cette cause ne me touche pas, et le sais non par argument, mais par nécessaire* (démonstrative) expérience. Sans alléguer ce qu'on m'a dit, qu'il en arrive de même souvent aux bêtes, et notamment aux pourceaux, hors de toute appréhension de danger ; et ce qu'un mien connaissant m'a témoigné de soi, qu'y étant fort sujet, l'envie de vomir lui était passée deux ou trois fois, se trouvant pressé de frayeur en grande tourmente, [C] comme à cet ancien : pejus vexabar quam ut periculum mihi succurreret (j'étais trop violemment secoué pour penser au danger) : [B] je n'eus jamais peur sur l'eau, comme je n'ai aussi ailleurs (et s'en est assez souvent offert de justes, si la mort l'est) qui m'ait au moins troublé ou ébloui. Elle naît parfois de faute de jugement, comme de faute de cœur. Tous les dangers que j'ai vus, ç'a été les yeux ouverts, la vue libre, saine et entière : encore faut-il du courage à craindre. Il me servit autrefois, au prix* (en comparaison) d'autres, pour conduire et tenir en ordre ma fuite, qu'elle fût, [C] sinon sans crainte, toutefois [B] sans effroi et sans étonnement ; elle était émue, mais non pas étourdie ni éperdue. Les grandes âmes vont bien plus outre, et représentent des fuites non rassisses seulement et saines, mais fières. Disons celle qu'Alcibiade récite de Socrate, son compagnon d'armes : "je le trouvai (dit-il) après la route* (déroute) de notre armée, lui et Lachès, des derniers entre les fuyants ; et le considérai tout à mon aise et en sûreté, car j'étais sur un bon cheval et lui à pied, et avions ainsi combattu. Je remarquai premièrement combien il montrait d'avisement et de résolution au prix de Lachès, et puis la braverie de son marcher, nullement différent du sien ordinaire, sa vue ferme et réglée, considérant et jugeant ce qui se passait autour de lui, regardant tantôt les uns, tantôt les autres, amis et ennemis, d'une façon qui encourageait les uns et signifiait aux autres qu'il était pour vendre bien cher son sang et sa vie à qui essayerait de la lui ôter ; et se sauvèrent ainsi : car volontiers* (fréquemment) on n'attaque pas ceux-ci ; on court après les effrayés. "Voilà le témoignage de ce grand capitaine, qui nous apprend, ce que nous essayons* (mettons à l'épreuve) tous les jours, qu'il n'est rien qui nous jette tant aux dangers qu'une faim inconsidérée de nous en mettre hors. [C] Quo timoris minus est, eo minus ferme periculi est. (Moins on a peur, moins d'ordinaire on est en danger.) [B] Notre peuple a tort de dire : celui-là craint la mort, quand il veut exprimer qu'il y songe et qu'il la prévoit. La prévoyance convient également à ce qui nous touche en bien et en mal. Considérer et juger le danger est aucunement le rebours de s'en étonner. Je ne me sens pas assez fort pour soutenir le coup et l'impétuosité de cette passion de la peur, ni d'autre véhémente. Si j'en étais un coup vaincu et atterré, je ne m'en relèverais jamais bien entier. Qui aurait fait perdre pied à mon âme, ne la remettrait jamais droite en sa place ; elle se retâte et recherche trop vivement et profondément, et pourtant, ne lairrait jamais ressouder et consolider la plaie qui l'aurait percée. Il m'a bien pris qu'aucune maladie ne me l'ait encore démise. À chaque charge qui me vient, je me présente et oppose en mon haut appareil ; ainsi, la première qui m'emporterait me mettrait sans ressource. Je n'en fais point à deux ; par quelque endroit que le ravage fauchât ma levée, me voilà ouvert et noyé sans remède. [C] Épicure dit que le sage ne peut jamais passer à un état contraire. J'ai quelque opinion de l'envers de cette sentence, que, qui aura été une fois bien fol, ne sera nulle autre fois bien sage. [B] Dieu donne le froid selon la robe, et me donne les passions selon le moyen que j'ai de les soutenir. Nature, m'ayant découvert d'un côté, m'a couvert de l'autre ; m'ayant désarmé de force, m'a armé d'insensibilité et d'une appréhension réglée, ou mousse. Or je ne puis souffrir longtemps (et les souffrais plus difficilement en jeunesse) ni coche, ni litière, ni bateau ; et hais toute autre voiture* (moyen de transport) que de cheval, et en la ville et aux champs. Mais je puis souffrir la litière moins qu'un coche et, par même raison, plus aisément une agitation rude sur l'eau, d'où se produit la peur, que le mouvement qui se sent en temps calme. Par cette légère secousse que les avirons donnent, dérobant le vaisseau sous nous, je me sens brouiller, je ne sais comment, la tête et l'estomac, comme je ne puis souffrir sous moi, un siège tremblant. Quand la voile ou le cours de l'eau nous emporte également, ou qu'on nous toue, cette agitation unie ne me blesse aucunement : c'est un remuement interrompu qui m'offense* (incommode), et plus quand il est languissant. Je ne saurais autrement peindre sa forme. Les médecins m'ont ordonné de me presser et sangler d'une serviette le bas du ventre pour remédier à cet accident ; ce que je n'ai point essayé, ayant accoutumé de lutter les défauts qui sont en moi et les dompter par moi même. [C] Si j'en avais la mémoire suffisamment informée, je ne plaindrais mon temps à dire ici l'infinie variété que les histoires nous présentent de l'usage des coches au service de la guerre, divers selon les nations, selon les siècles, de grand effet, ce me semble, et nécessité ; si que c'est merveille que nous en ayons perdu toute connaissance. J'en dirai seulement ceci, que tout fraîchement, du temps de nos pères, les Hongres les mirent très utilement en besogne contre les Turcs, en chacun y ayant un rondellier et un mousquetaire, et nombre de harquebuses rangées, prêtes et chargées : le tout couvert d'une pavesade à la mode d'une galiote. Ils faisaient front à leur bataille* (gros des troupes) de trois mille tels coches, et, après que le canon avait joué, les faisaient tirer avant et avaler aux ennemis cette salve avant que de tâter le reste, qui* (ce qui) n'était pas un léger avancement ; ou les décochaient dans leurs escadrons pour les rompre et y faire jour, outre le secours qu'ils en pouvaient tirer pour flanquer en lieux chatouilleux les troupes marchant en la campagne, ou à couvrir un logis à la hâte et le fortifier. De mon temps, un gentilhomme, en l'une de nos frontières, impost de sa personne et ne trouvant cheval capable de son poids, ayant une querelle, marchait par pays en coche de même cette peinture, et s'en trouvait très bien. Mais laissons ces coches guerriers. Les Rois de notre première race marchaient en pays sur un charriot trainé par quatre bœufs. [B] Marc Antoine fut le premier qui se fit mener à Rome, et une garce ménétrière quand et lui, par des lions attelés à un coche. Héliogabalus en fit depuis autant, se disant Cybèle, la mère des dieux, et aussi par des tigres, contrefaisant le Dieu Bacchus ; il attela aussi par fois deux cerfs à son coche, et une autre fois quatre chiens, et encore quatre garces nues, se faisant traîner par elles en pompe tout nu. L'empereur Firmus fit mener son coche à des autruches de merveilleuse grandeur, de manière qu'il semblait plus voler que rouler. L'étrangeté de ces inventions me met en tête cette autre fantaisie : que c'est une espèce de pusillanimité aux monarques, et un témoignage de ne sentir point assez ce qu'ils sont, de travailler à se faire valoir et paraître par dépenses excessives. Ce serait choses excusables en pays étranger ; mais, parmi ses sujets, où il peut tout, il tire de sa dignité le plus extrême degré d'honneur où il puisse arriver. Comme à un gentilhomme il me semble qu'il est superflu de se vêtir curieusement* (soigneusement) en son privé ; sa maison, son train, sa cuisine, répondent assez de lui. [C] Le conseil qu'Isocrate donne à son Roi ne me semble sans raison : Qu'il soit splendide en meubles et ustensiles, d'autant que c'est une dépense de durée, qui passe jusques à ses successeurs ; et qu'il fuie toutes magnificences qui s'écoulent incontinent et de l'usage et de la mémoire. [B] J'aimais à me parer, quand j'étais cadet, à faute d'autre parure, et me seyait bien ; il en est sur qui les belles robes pleurent. Nous avons des contes merveilleux de la frugalité de nos Rois autour de leur personne, et en leurs dons ; grands Rois en crédit, en valeur et en fortune. Démosthène combat à outrance la loi de sa ville qui assignait les deniers publics aux pompes des jeux et de leurs fêtes ; il veut que leur grandeur se montre en quantité de vaisseaux bien équipés et bonnes armées bien fournies. [C] Et a l'on raison d'accuser Théophraste d'avoir établi, en son livre Des richesses, un avis contraire, et maintenu telle nature de dépense être le vrai fruit de l'opulence. Ce sont plaisirs, dit Aristote, qui ne touchent que la plus basse commune* (peuple), qui s'évanouissent de mémoire aussitôt qu'on en est rassasié et desquels nul homme judicieux et grave ne peut faire estime. L'emploite me semblerait bien plus royale comme plus utile, juste et durable en ports, en havres, fortifications et murs, en bâtiments somptueux, en églises, hôpitaux, collèges, reformation de rues et chemins. En quoi le pape Grégoire treizième a laissé sa mémoire recommandable de mon temps, et en quoi notre Reine Catherine témoignerait à longues années sa libéralité naturelle et munificence, si ses moyens suffisaient à son affection. La Fortune m'a fait grand déplaisir d'interrompre la belle structure du pont neuf de notre grande ville et m'ôter l'espoir avant de mourir d'en voir en train l'usage. [B] Outre ce, il semble aux sujets, spectateurs de ces triomphes, qu'on leur fait montre de leurs propres richesses et qu'on les festoie à leurs dépens. Car les peuples présument volontiers des Rois, comme nous faisons de nos valets, qu'ils doivent prendre soin de nous apprêter en abondance tout ce qu'il nous faut, mais qu'ils n'y doivent aucunement toucher de leur part. Et pour tant l'Empereur Galba, ayant pris plaisir à un musicien pendant son souper, se fit apporter sa boîte* (cassette) et lui donna en sa main une poignée d'écus qu'il y pêcha, avec ces paroles : "ce n'est pas du public, c'est du mien." Tant y a qu'il advient le plus souvent que le peuple a raison, et qu'on repaît ses yeux de ce de quoi il avait à paître son ventre. La libéralité même n'est pas bien en son lustre en mains souveraines ; les privés y ont plus de droit ; car, à le prendre exactement, un Roi n'a rien proprement sien ; il se doit soi-même à autrui. [C] La juridiction ne se donne point en faveur du juridiciant, c'est en faveur du juridicié. On fait un supérieur, non jamais pour son profit, ains pour le profit de l'inférieur, et un médecin pour le malade, non pour soi. Toute magistrature, comme toute art jette sa fin hors d'elle : Nulla ars in se versatur. (Aucune technique ne se prend elle-même pour fin). [B] Par quoi les gouverneurs de l'enfance des princes, qui se piquent à leur imprimer cette vertu de largesse, et les prêchent de ne savoir rien refuser et n'estimer rien si bien employé que ce qu'ils donneront (instruction que j'ai vu en mon temps fort en crédit), ou ils regardent plus à leur profit qu'à celui de leur maître, ou ils entendent mal à qui ils parlent. Il est trop aisé d'imprimer la libéralité en celui qui a de quoi y fournir autant qu'il veut, aux dépens d'autrui. [C] Et son estimation se réglant non à la mesure du présent, mais à la mesure des moyens de celui qui l'exerce, elle vient à être vaine en mains si puissantes. Ils se trouvent prodigues avant qu'ils soient libéraux. [B] Pour tant est elle de peu de recommandation, au prix d'autres vertus royales, et la seule, comme disait le tyran Dionysius, qui se comporte bien avec la tyrannie même. Je lui apprendrai plutôt ce verset du laboureur ancien : Tè cheiri dei speirein, alla mè olô tô thulakô (Il faut semer à poignées, non pas en versant tout le sac) qu'il faut, à qui en veut retirer fruit, semer de la main, non pas verser du sac [C] — il faut épandre le grain, non pas le répandre — [B] et qu'ayant à donner ou, pour mieux dire, à payer et rendre à tant de gens selon qu'ils l'ont déservi, il en doit être loyal et avisé dispensateur. Si la libéralité d'un prince est sans discrétion* (discernement) et sans mesure, je l'aime mieux avare. La vertu Royale semble consister le plus en la justice ; et de toutes les parties de la justice celle là remarque mieux les Rois, qui accompagne la libéralité ; car ils l'ont particulièrement réservée à leur charge, là où toute autre justice, ils l'exercent volontiers par l'entremise d'autrui. L'immodérée largesse est un moyen faible à leur acquérir bienveuillance ; car elle rebute plus de gens qu'elle n'en pratique* (gagne). [C] Quo in plures usus sis, minus in multos uti possis. Quid autem est stultius quam quod libenter facias, curare ut id diutius facere non possis ? (Plus on a été libéral, moins on peut l'être. Est-il plus grande sottise que de travailler à se rendre incapable de continuer à faire ce que l'on fait volontiers ?) [B] Et, si elle est employée sans respect du mérite, fait vergogne à qui la reçoit ; et se reçoit sans grâce. Des tyrans ont été sacrifiés à la haine du peuple par les mains de ceux mêmes lesquels ils avaient iniquement avancés, telle manière d'hommes estimant assurer la possession des biens indûment reçu en montrant avoir à mépris et haine celui de qui ils les tenaient, et se ralliant au jugement et opinion commune en cela. Les sujets d'un prince excessif en dons se rendent excessifs en demandes ; ils se taillent* (mesurent) non à la raison, mais à l'exemple. Il y a certes souvent de quoi rougir de notre impudence ; nous sommes surpayés selon justice quand la récompense égale notre service, car n'en devons nous rien à nos princes d'obligation naturelle ? S'il porte notre dépense, il fait trop ; c'est assez qu'il l'aide ; le surplus s'appelle bienfait, lequel ne se peut exiger, car le nom même de libéralité sonne liberté. À notre mode, ce n'est jamais fait ; le reçu ne se met plus en compte ; on n'aime la libéralité que future : par quoi plus un prince s'épuise en donnant, plus il s'appauvrit d'amis. [C] Comment assouvirait il des envies qui croissent à mesure qu'elles se remplissent ? Qui a sa pensée à prendre, ne l'a plus à ce qu'il a pris. La convoitise n'a rien si propre que d'être ingrate. L'exemple de Cyrus ne duira pas mal en ce lieu pour servir aux Rois de ce temps de touche (moyen d'appréciation) à reconnaître leurs dons bien ou mal employés, et leur faire voir combien cet Empereur les assénait* (assignait) plus heureusement qu'ils ne font. Par où ils sont réduits de faire leurs emprunts sur les sujets inconnus, et plutôt sur ceux à qui ils ont fait du mal, que sur ceux à qui ils ont fait du bien ; et n'en reçoivent aides où il y aie rien de gratuit que le nom. Crésus lui reprochait sa largesse et calculait à combien se monterait son trésor, s'il eût eu les mains plus restreintes. Il eut envie de justifier sa libéralité ; et dépêchant de toutes parts vers les grands de son état, qu'il avait particulièrement avancés, pria chacun de le secourir d'autant d'argent qu'il pourrait à une sienne nécessité, et le lui envoyer par déclaration. Quand tous ces bordereaux lui furent apportés, chacun de ses amis, n'estimant pas que ce fut assez faire de lui en offrir autant seulement qu'il en avait reçu de sa munificence, y en mêlant du sien plus propre beaucoup, il se trouva que cette somme se montait bien plus que l'épargne de Crésus. Sur quoi lui dit Cyrus : "Je ne suis pas moins amoureux des richesses que les autres Princes et en suis plutôt plus ménager. Vous voyez à combien peu de mise j'ai acquis le trésor inestimable de tant d'amis ; et combien ils me sont plus fidèles trésoriers que ne seraient des hommes mercenaires sans obligation, sans affection, et ma chevance mieux logée qu'en des coffres, appelant sur moi la haine, l'envie et le mépris des autres princes." [B] Les

Empereurs tiraient excuse à la superfluité de leurs jeux et montres publiques, de ce que leur autorité dépendait aucunement (au moins par apparence) de la volonté du peuple Romain, lequel avait de tout temps accoutumé d'être flatté par telle sorte de spectacles et excès. Mais c'étaient particuliers qui avaient nourri cette coutume de gratifier leurs concitoyens et compagnons principalement sur leur bourse par telle profusion et magnificence : elle eut tout autre goût quand ce furent les maîtres qui vinrent à l'imiter. [C] Pecuniarum translatio a justis dominis ad alienos non debet liberalis videri. (Prendre de l'argent à ses légitimes propriétaires pour le donner à des étrangers, cela ne doit pas être considéré comme une libéralité). Philippus, de ce que son fils essayait par présents de gagner la volonté des Macédoniens, l'en tança par une lettre en cette manière : "Quoi ? as tu envie que tes sujets te tiennent pour leur boursier, non pour leur Roi ? veux tu les pratiquer, pratique les des bienfaits de ta vertu, non des bienfaits de ton coffre." [B] C'était pourtant une belle chose, d'aller faire apporter et planter en la place aux arènes une grande quantité de gros arbres, tous branchus et tous verts, représentant une grande forêt ombrageuse, départie en belle symétrie, et, le premier jour, jeter là dedans mille autruches, mille cerfs, mille sangliers et mille daims, les abandonnant à piller au peuple ; le lendemain, faire assommer en sa présence cent gros lions, cent léopards, et trois cents ours, et, pour le troisième jour, faire combattre à outrance trois cents paires de gladiateurs, comme fit l'Empereur Probus. C'était aussi belle chose à voir ces grands amphithéâtres encroutés de marbre, au dehors, labouré* (travaillé) d'ouvrages et statues, le dedans reluisant de plusieurs rares enrichissements, Baltheus in gemmis, en illita porticus auro... (Voilà le déambulatoire émaillé de pierres précieuses, voici le portique couvert d'or...) Tous les côtés de ce grand vide remplis et environnés, depuis le fond jusques au comble, de soixante ou quatre-vingts rangs d'échelons, aussi de marbre, couverts de carreaux* (coussins carrés), exeat, inquit, si pudor est, et de pulvino surgat equestri, cujus res legi non sufficit ; (Qu'il sorte, dit-il, s'il n'est pas un impudent, qu'il quitte les coussins réservés aux chevaliers, lui qui n'a pas la fortune requise par la loi.) où se pût ranger cent mille hommes assis à leur aise ; et la place du fond, où les jeux se jouaient, la faire premièrement, par art, entrouvrir et fendre en crevasses représentant des antres qui vomissaient les bêtes destinées au spectacle ; et puis secondement l'inonder d'une mer profonde, qui charriait force monstres marins, chargée de vaisseaux armés, à représenter une bataille navale ; et tiercement, l'aplanir et assécher de nouveau pour le combat des gladiateurs ; et, pour la quatrième façon, la sabler de vermillon et de storax, au lieu d'arène* (sable), pour y dresser un festin solemne à tout ce nombre infini de peuple, le dernier acte d'un seul jour. quoties nos descendentis arenae Vidimus in partes, ruptaque voragine terrae Emersisse feras, et iisdem saepe latebris Aurea cum croceo creverunt arbuta libro. Nec solum nobis silvestria cernere monstra Contigit, aequoreos ego cum certantibus ursis Spectavi vitulos, et equorum nomine dignum, Sed deforme pecus. (Combien de fois avons-nous vu l'arène s'abaisser par endroits, et de l'abîme ouvert dans la terre surgir des bêtes sauvages, puis monter des mêmes profondeurs des arbres d'or à l'écorce safranée. Et nous avons pu y contempler non seulement les monstres des forêts, mais aussi des veaux marins aux prises avec des ours, et le troupeau des « chevaux de fleuve », bien nommés s'ils n'étaient difformes.) Quelquefois on y a fait naître une haute montagne pleine de fruitiers et arbres verdoyants, rendant par son faîte un ruisseau d'eau, comme de la bouche d'une vive fontaine. Quelquefois on y promena un grand navire qui s'ouvrait et déprenait de soi-même, et après avoir vomi de son ventre quatre ou cinq cents bêtes à combat, se resserrait et s'évanouissait, sans aide. Autres fois, du bas de cette place, ils faisaient élancer des surgeons et filets d'eau qui rejaillissaient contremont, et, à cette hauteur infinie, allaient arrosant et embaumant cette infinie multitude. Pour se couvrir de l'injure du temps, ils faisaient tendre cette immense capacité, tantôt de soie d'une ou autre couleur, et les avançaient et retiraient en un moment, comme il leur venait en fantaisie : Quamvis non modico caleant spectacula sole, vela reducuntur, cum venit Hermogenes. (Même si un soleil ardent surchauffe le théâtre, on retire les voiles à l'arrivée d'Hermogène.) Les rets aussi qu'on mettait au devant du peuple, pour le défendre de la violence des ces bêtes élancées, étaient tissus d'or : auro quoque torta refulgent retia. (Les filets aussi resplendissent de l'or dont ils sont tressés.) S'il y a quelque chose qui soit excusable en tels excès, c'est où l'invention et la nouveauté fournit d'admiration, non pas la dépense. En ces vanités même nous découvrons combien ces siècles étaient fertiles d'autres esprits que ne sont les nôtres. Il va de cette sorte de fertilité comme il fait de toutes autres productions de la nature. Ce n'est pas à dire qu'elle y ait lors employé son dernier effort. Nous n'allons point, nous rôdons plutôt, et tournoyons çà et là. Nous nous promenons sur nos pas. Je crains que notre connaissance soit faible en tous sens, nous ne soyons ni guère loin, ni guère arrière ; elle embrasse peu et vit peu, courte et en étendue de temps et en étendue de matière : Vixere fortes ante Agamemnona Multi, sed omnes illachrimabiles Urgentur ignotique longa Nocte... Et supera bellum Thebanum et funera Trojae, Multi alias alii quoque res ceciniere poetae. (Bien des héros ont vécu avant Agamemnon, mais pour eux pas une larme, tous restent inconnus dans la nuit sans fin qui les ensevelit… Et avant la guerre de Troie, avant la ruine de Troie, d'autres désastres avaient été chantés par d'autres poètes.) [C] Et la narration de Solon, sur ce qu'il avait appris des prêtres d'Égypte de la longue vie de leur état et manière d'apprendre et conserver les histoires étrangères, ne me semble témoignage de refus en cette considération. Si interminatam in omnes partes magnitudinem regionum videremus et temporum, in quam se injiciens animus et intendens ita late longeque peregrinatur ut nullam oram ultimi videat in qua possit insistere : in hac immensitate infinita vis innumerabilium appareret formarum. (Si nous pouvions voir l'étendue de l'espace et du temps, illimitée de toutes parts, vers laquelle l'esprit se tend et s'élance, et qu'il parcourt dans toutes les directions sans jamais trouver un ultime rivage où reprendre pied : dans cette immensité se révélerait une infinie quantité d'être, sous des formes innombrables.) [B] Quand tout ce qui est venu par rapport du passé jusques à nous serait vrai et serait su par quelqu'un, ce serait moins que rien au prix de ce qui est ignoré. Et de cette même image du monde qui coule pendant que nous y sommes, combien chétive et racourcie est la connaissance des plus curieux ! Non seulement des événements particuliers que fortune rend souvent exemplaires, et pesants, mais de l'état des grandes polices et nations, il nous en échappe cent fois plus qu'il n'en vient à notre science. Nous nous écrions du miracle de l'invention de notre artillerie, de notre impression* (imprimerie) ; d'autres hommes, un autre bout du monde à la Chine, en jouissait mille ans auparavant. Si nous voyons autant du monde comme nous n'en voyons pas, nous apercevrions, comme il est à croire, une perpétuelle multiplication et vicissitude* (changements successifs) de formes. Il n'y a rien de seul et rare eu égard à nature, oui bien eu égard à notre connaissance, ce qui est un misérable fondement de nos règles et qui nous représente volontiers une très fausse image des choses. Comme vainement nous concluons aujourd'hui l'inclination* (déclin) et la décrépitude du monde par les arguments que nous tirons de notre propre faiblesse et décadence, Jamque adeo affecta est aetas, affectaque tellus ; (Désormais notre époque a perdu ses forces, et la terre également) ainsi vainement concluait cettui-là sa naissance et jeunesse, par la vigueur qu'il voyait aux esprits de son temps, abondants en nouvelletés et inventions de divers arts : Verum, ut opinor, habet novitatem summa, recensque Natura est mundi, neque pridem exordia cepit : Quare etiam quaedam nunc artes expoliuntur, Nunc etiam augescunt, nunc addita navigiis sunt Multa. (À mon avis, au contraire, l'ensemble du monde est dans sa nouveauté, son origine est récente, et il n'y a pas longtemps qu'il a pris naissance. C'est pourquoi de nos jours encore certaines techniques s'affinent et se développent, de nos jours les navires reçoivent de nouveaux gréements.) Notre monde vient d'en trouver un autre (et qui nous répond si c'est le dernier de ses frères, puis que les Démons, les Sibylles et nous, avons ignoré cettui-ci jusqu'asteure ?) non moins grand, plein et membru que lui, toutefois si nouveau et si enfant qu'on lui apprend encore son a b c ; il n'y a pas cinquante ans qu'il ne savait ni lettres, ni poids, ni mesure, ni vêtements, ni blés, ni vignes. Il était encore tout nu au giron, et ne vivait que des moyens de sa mère nourrice. Si nous concluons bien de notre fin, et ce poète de la jeunesse de son siècle, cet autre monde ne fera qu'entrer en lumière quand le nôtre en sortira. L'univers tombera en paralysie ; l'un membre sera perclus, l'autre en vigueur. Bien crains-je que nous aurons bien fort hâté sa déclinaison et sa ruine par notre contagion, et que nous lui aurons bien cher vendu nos opinions et nos arts. C'était un monde enfant ; si ne l'avons nous pas fouetté et soumis à notre discipline et par l'avantage de notre valeur et forces naturelles, ni ne l'avons pratiqué* (gagné) par notre justice et bonté, ni subjugué par notre magnanimité. La plupart de leurs réponses et des négociations faites avec eux témoignent qu'ils ne nous devaient rien en clarté d'esprit naturelle et en pertinence. L'épouvantable magnificence des villes de Cuzco et de Mexico, et, entre plusieurs choses pareilles, le jardin de ce Roi, où tous les arbres, les fruits et toutes les herbes, selon l'ordre et grandeur qu'ils ont en un jardin, étaient excellemment formés en or ; comme en son cabinet, tous les animaux qui naissaient en son état et en ses mers ; et la beauté de leurs ouvrages en pierreries, en plume, en coton, en la peinture, montrent qu'ils ne nous cédaient non plus en l'industrie. Mais, quant à la dévotion, observance des lois, bonté, libéralité, loyauté, franchise, il nous a bien servi de n'en avoir pas tant qu'eux ; ils se sont perdus par cet avantage, et vendus, et trahis eux mêmes. Quant à la hardiesse et courage, quant à la fermeté, constance, résolution contre les douleurs et la faim et la mort, je ne craindrais pas d'opposer les exemples que je trouverais parmi eux aux plus fameux exemples anciens que nous avons aux mémoires de notre monde par deçà. Car, pour ceux qui les ont subjugués, qu'ils ôtent les ruses et batelages de quoi ils se sont servis à les piper, et le juste étonnement qu'apportait à ces nations là de voir arriver si inopinément des gens barbus, divers en langage, religion, en forme et en contenance, d'un endroit du monde si éloigné et où ils n'avaient jamais imaginé qu'il y eut habitation quelconque, montés sur des grands monstres inconnus, contre ceux qui n'avaient non seulement jamais vu de cheval, mais bête quelconque duite à porter et soutenir homme ni autre charge

; garnis d'une peau luisante et dure et d'une arme tranchante et resplendissante, contre ceux qui, pour le miracle de la lueur d'un miroir ou d'un couteau, allaient échangeant une grande richesse en or et en perles, et qui n'avaient ni science ni matière par où tout à loisir ils sussent percer notre acier ; Ajoutez y les foudres et tonnerres de nos pièces et harquebuses, capables de troubler César même, qui l'en eut surpris autant inexpérimenté, et à cette heure, contre des peuples nus, si ce n'est où l'invention était arrivée de quelque tissu de coton, sans autres armes pour le plus que d'arcs, pierres, bâtons [C] et boucliers de bois ; [B] des peuples surpris, sous couleur d'amitié et de bonne foi, par la curiosité de voir des choses étrangères et inconnues : comptez, dis-je, aux conquérants cette disparité, vous leur ôtez toute l'occasion de tant de victoires. Quand je regarde cette ardeur indomptable de quoi tant de milliers d'hommes, femmes et enfants, se présentent et rejettent à tant de fois aux dangers inévitables, pour la défense de leurs dieux et de leur liberté ; cette généreuse obstination de souffrir toutes extrémités et difficultés, et la mort, plus volontiers que de se soumettre à la domination de ceux de qui ils ont été si honteusement abusés, et aucuns choisissant plutôt de se laisser défaillir par faim et par jeûne, étant pris que d'accepter le vivre des mains de leurs ennemis, si vilement victorieuses, je prévois que, à qui les eut attaqués pair à pair, et d'armes, et d'expérience, et de nombre, il y eut fait aussi dangereux, et plus, qu'en autre guerre que nous voyons. Que n'est tombée sous Alexandre ou sous ces anciens Grecs et Romains une si noble conquête, et une si grande mutation et altération de tant d'empires et de peuples sous des mains qui eussent doucement poli et défriché ce qu'il y avait de sauvage, et eussent conforté et promu les bonnes semences que nature y avait produit, mêlant non seulement à la culture des terres et ornement des villes les arts de deçà, en tant qu'elles y eussent été nécessaires, mais aussi mêlant les vertus Grecques et Romaines, aux originelles du pays ! Quelle réparation eût-ce été, et quel amendement à toute cette machine, que les premiers exemples et déportements nôtres qui se sont présentés par delà eussent appelé ces peuples à l'admiration et imitation de la vertu et eussent dressé entre eux et nous une fraternelle société et intelligence ! Combien il eût été aisé de faire son profit d'âmes si neuves, si affamées d'apprentissage, ayant pour la plupart de si beaux commencements naturels ! Au rebours, nous nous sommes servis de leur ignorance et inexpérience à les plier plus facilement vers la trahison, luxure, avarice et vers toute sorte d'inhumanité et de cruauté, à l'exemple et patron de nos mœurs. Qui mit jamais à tel prix le service de la mercadence et de la trafique ? Tant de villes rasées, tant de nations exterminées, tant de millions de peuples passés au fil de l'épée, et la plus riche et belle partie du monde bouleversée pour la négociation des perles et du poivre : mécaniques* (sordides) victoires. Jamais l'ambition, jamais les inimitiés publiques ne poussèrent les hommes les uns contre les autres à si horribles hostilités et calamités si misérables. En côtoyant la mer à la quête de leurs mines, aucuns Espagnols prirent terre en une contrée fertile et plaisante, fort habitée, et firent à ce peuple leurs remontrances accoutumées : Qu'ils étaient gens paisibles, venant de lointains voyages, envoyés de la part du Roi de Castille, le plus grand Prince de la terre habitable, auquel le Pape, représentant Dieu en terre, avait donné la principauté de toutes les Indes ; que, s'ils voulaient lui être tributaires, ils seraient très bénignement traités ; leur demandaient des vivres pour leur nourriture et de l'or pour le besoin de quelque médecine, leur remontraient au demeurant la créance d'un seul Dieu et la vérité de notre religion, laquelle ils leur conseillaient d'accepter, y ajoutant quelques menaces. La réponse fut telle : Que, quand à être paisibles, ils n'en portaient pas la mine, s'ils l'étaient ; quand à leur Roi, puisqu'il demandait, il devait être indigent et nécessiteux ; et celui qui lui avait fait cette distribution, homme aimant dissension, d'aller donner à un tiers chose qui n'était pas sienne, pour le mettre en débat contre les anciens possesseurs ; quant aux vivres, qu'ils leur en fourniraient ; d'or, ils en avaient peu, et que c'était chose qu'ils mettaient en nulle estime, d'autant qu'elle était inutile au service de leur vie, là où tout leur soin regardait seulement à la passer heureusement et plaisamment ; pourtant, ce qu'ils en pourraient trouver, sauf ce qui était employé au service de leurs dieux, qu'ils le prissent hardiment ; quant à un seul Dieu, le discours leur en avait plu, mais qu'ils ne voulaient changer leur religion, s'en étant si utilement servis si longtemps, et qu'ils n'avaient accoutumé prendre conseil que de leurs amis et connaissants. Quant aux menaces, c'était signe de faute de jugement d'aller menaçant ceux desquels la nature et les moyens étaient inconnus ; ainsi qu'ils se dépêchassent promptement de vider leur terre, car ils n'étaient pas accoutumés de prendre en bonne part les honnêtetés et remontrances de gens armés et étrangers ; autrement, qu'on ferait d'eux comme de ces autres — leur montrant les têtes d'aucuns hommes justiciés autour de leur ville. Voilà un exemple de la balbutie de cette enfance. Mais tant y a que ni en ce lieu-là, ni en plusieurs autres, où les Espagnols ne trouvèrent les marchandises qu'ils cherchaient, ils ne firent arrêt ni entreprise, quelque autre commodité qu'il y eut, témoin mes Cannibales. Des deux les plus puissants monarques de ce monde là, et, à l'aventure, de cettui-ci, rois de tant de Rois, les derniers qu'ils en chassèrent, celui du Pérou, ayant été pris en une bataille et mis à une rançon si excessive qu'elle surpasse toute créance, et celle-là fidèlement payée, et avoir donné par sa conversation signe d'un courage franc, libéral et constant, et d'un entendement net et bien composé, il prit envie aux vainqueurs après en avoir tiré un million trois cent vingt-cinq mille cinq cents pesant d'or, outre l'argent et autres choses qui ne montèrent pas moins, si que leurs chevaux n'allaient plus ferrés que d'or massif, de voir encore, au prix de quelque déloyauté que ce fut, quel pouvait être le reste des trésors de ce Roi, [C] et jouir librement de ce qu'il avait réservé. [B] On lui aposta une fausse accusation et preuve, qu'il desseignait de faire soulever ses provinces pour se remettre en liberté. Sur quoi, par beau jugement de ceux mêmes qui lui avaient dressé cette trahison, on le condamna à être pendu et étranglé publiquement, lui ayant fait racheter le tourment d'être brûlé tout vif par le baptême qu'on lui donna au supplice même. Accident horrible et inouï, qu'il souffrit pourtant sans se démentir ni de contenance, ni de parole, d'une forme et gravité vraiment royale. Et puis, pour endormir les peuples étonnés et transis de chose si étrange, on contrefit un grand deuil de sa mort, et lui ordonna l'on des somptueuses funérailles. L'autre, Roi de Mexico, ayant longtemps défendu sa ville assiégée et montré en ce siège tout ce que peut et la souffrance* (aptitude à subir) et la persévérance, si onques princes et peuple le montra, et son malheur l'ayant rendu vif entre les mains des ennemis, avec capitulation d'être traité en Roi (aussi ne leur fit-il rien voir, en la prison, indigne de ce titre) ; ne trouvant point après cette victoire tout l'or qu'ils s'étaient promis, après avoir tout remué et tout fouillé, se mirent à en chercher des nouvelles par les plus âpres gênes* (tortures) de quoi ils se purent aviser, sur les prisonniers qu'ils tenaient. Mais, n'ayant rien profité, trouvant des courages plus forts que leurs tourments, ils en vinrent enfin à telle rage que, contre leur foi et contre tout droit des gens, ils condamnèrent le Roi même et l'un des principaux seigneurs de sa cour à la gêne en présence l'un de l'autre. Ce seigneur, se trouvant forcé de douleur, environné de brasiers ardents, tourna sur la fin piteusement* (pitoyablement) sa vue vers son maître, comme pour lui demander merci de ce qu'il n'en pouvait plus. Le Roi, plantant fièrement et rigoureusement les yeux sur lui, pour reproche de sa lâcheté et pusillanimité, lui dit seulement ces mots, d'une voix rude et ferme : Et moi, suis-je dans un bain ? suis-je pas plus à mon aise que toi ? Celui-là, soudain après, succomba aux douleurs et mourut sur la place. Le Roi, à demi rôti, fut emporté de là, non tant par pitié (car quelle pitié toucha jamais des âmes qui, pour la douteuse information de quelque vase d'or à piller, fissent griller devant leurs yeux un homme, non qu'un Roi si grand et en fortune et en mérite ?) mais ce fut que sa constance rendait de plus en plus honteuse leur cruauté. Ils le pendirent depuis, ayant courageusement entrepris de se délivrer par armes d'une si longue captivité et sujétion, où il fit sa fin digne d'un magnanime prince. À une autre fois, ils mirent brûler pour un coup, en même feu, quatre cents soixante hommes tous vifs, les quatre cents du commun peuple, les soixante des principaux seigneurs d'une province, prisonniers de guerre simplement. Nous tenons d'eux-mêmes ces narrations, car ils ne les avouent pas seulement, il s'en vantent et les prêchent. Serait-ce pour témoignage de leur justice ? ou zèle envers la religion ? Certes, ce sont voies trop diverses et ennemies d'une si sainte fin. S'ils se fussent proposés d'étendre notre foi, ils eussent considéré que ce n'est pas en possession de terres qu'elle s'amplifie, mais en possession d'hommes, et se fussent trop contentés des meurtres que la nécessité de la guerre apporte, sans y mêler indifféremment une boucherie, comme sur des bêtes sauvages, universelle, autant que le fer et le feu y ont pu atteindre, n'en ayant conservé par leur dessein qu'autant qu'ils en ont voulu faire de misérables esclaves pour l'ouvrage et service de leurs minières ; si que plusieurs des chefs ont été punis à mort, sur les lieux de leur conquête, par ordonnance des Rois de Castille, justement offensés de l'horreur de leurs déportements et quasi tous désestimés et mal-voulus. Dieu a méritoirement permis que ces grands pillages se soient absorbés par la mer en les transportant, ou par les guerres intestines de quoi ils se sont entremangés entre eux, et la plus part s'enterrèrent sur les lieux, sans aucun fruit de leur victoire. Quant à ce que la recette, et entre les mains d'un prince ménager et prudent, répond si peu à l'espérance qu'on en donna à ses prédécesseurs, et à cette première abondance de richesse qu'on rencontra à l'abord de ces nouvelles terres (car, encore qu'on en retire beaucoup, nous voyons que ce n'est rien au prix de ce qui s'en devait attendre), c'est que l'usage de la monnaie était entièrement inconnu, et que par conséquent leur or se trouva tout assemblé, n'étant en autre service que de montre et de parade, comme un meuble réservé de père en fils par plusieurs puissants Rois, qui épuisaient toujours leurs mines pour faire ce grand monceau de vases et statues à l'ornement de leurs palais et de leurs temples, au lieu que notre or est tout en emploite et en commerce. Nous le menuisons et altérons en mille formes, l'épandons et dispersons. Imaginons que nos Rois amoncelassent ainsi tout l'or qu'ils pourraient trouver en plusieurs siècles, et le gardassent immobile. Ceux du Royaume de Mexico étaient aucunement plus civilisés et plus artistes que n'étaient les autres nations de là. Aussi jugeaient-ils, ainsi que nous, que l'univers fut proche de sa fin, et en prirent pour signe la désolation que nous y apportâmes. Ils croyaient que l'être du monde se départ en cinq âges et en la vie de cinq soleils consécutifs, desquels les quatre avaient déjà fourni leur temps, et que celui qui leur éclairait était le cinquième. Le premier périt avec toutes les autres créatures par universelle inondation d'eaux ; le second, par la chute du ciel sur nous, qui étouffa toute chose vivante, auquel âge ils assignent les géants, et en firent voir aux Espagnols des ossements à la proportion desquels la stature des hommes revenait à vingt paumes de hauteurs ; le troisième, par feu qui embrasa et consuma tout ; le quatrième, par une émotion* (mouvement violent) d'air et de vent qui abattit jusques à plusieurs montagnes ; les hommes n'en moururent point, mais ils furent changés en magots (quelles impressions ne souffre la lâcheté de l'humaine créance !) ; après la mort de ce quatrième Soleil, le monde fut vingt-cinq ans en perpétuelles ténèbres, au quinzième desquels fut créé un homme et une femme qui refirent l'humaine race ; dix ans après, à certain de leurs jours, le Soleil parut nouvellement créé ; et commence, depuis, le compte de leurs années par ce jour là. Le troisième de sa création, moururent les Dieux anciens ; les nouveaux sont nés depuis, du jour à la journée. Ce qu'ils estiment de la manière que ce dernier Soleil périra, mon auteur n'en a rien appris. Mais leur nombre de ce quatrième changement rencontre à cette grande conjonction des astres qui produisit, il y a huit cents tant d'ans, selon que les Astrologiens estiment, plusieurs grandes altérations et nouvelletés au monde. Quant à la pompe et magnificence, par où je suis entré en ce propos, ni Grèce, ni Rome, ni Égypte ne peut, soit en utilité, ou difficulté, ou noblesse, comparer aucun de ses ouvrages au chemin qui se voit au Pérou, dressé par les Rois du pays, depuis la ville de Quito jusques à celle de Cuzco (il y a trois cents lieues), droit, uni, large de vingt-cinq pas, pavé, revêtu de côté et d'autre de belles et hautes murailles, et le long d'icelles, par le dedans, deux ruisseaux pérennes, bordés de beaux arbres qu'ils nomment molly. Où ils ont trouvé des montagnes et rochers ils les ont taillés et aplanis, et comblé les fondrières de pierre et chaux. Au chef* (terme) de chaque journée, il y a de beaux palais fournis de vivres, de vêtements et d'armes, tant pour les voyageurs que pour les armées qui ont à y passer. En l'estimation de cet ouvrage, j'ay compté la difficulté, qui est particulièrement considérable en ce lieu là. Ils ne bâtissaient point de moindres pierres que de dix pieds en carré ; ils n'avaient autre moyen de charrier qu'à force de bras, en traînant leur charge ; et pas seulement l'art d'échafauder, n'y sachant autre finesse que de hausser autant de terre contre leur bâtiment, comme il s'élève, pour l'ôter après. Retombons à nos coches. En leur place, et de toute autre voiture, ils se faisaient porter par les hommes et sur leurs épaules. Ce dernier Roi du Pérou, le jour qu'il fut pris, était ainsi porté sur des brancards d'or, et assis dans une chaise d'or, au milieu de sa bataille. Autant qu'on tuait de ces porteurs pour le faire choir à bas, (car on le voulait prendre vif), autant d'autres, et à l'envie, prenaient la place des morts, de façon qu'on ne le peut onques abattre, quelque meurtre qu'on fit de ces gens là, jusques à ce qu'un homme de cheval l'alla saisir au corps, et l'avala par terre.

Biographie Montaigne

Michel Eyquem de Montaigne, nait le 28 février 1533 dans le Périgord au château familial.

Il est éduqué par son père Pierre, homme cultivé et tendre à la fois, qui lui fait apprendre le latin avec une nouvelle méthode.

Il est élevé sans contraintes.

De sept à treize ans, Montaigne est envoyé pour suivre le cours de grammaire et de rhétorique au collège de Guyenne à Bordeaux, haut lieu de l'humanisme bordelais, dirigé par un Portugais, André de Gouvéa, lui-même entouré d'une équipe renommée : Cordier, Vinet, Buchanan, Visagier.

C'est un étudiant batailleur.

Devenu adulte, il montre un caractère bouillonnant. La lecture est tout pour lui.

Il étudiera aussi le droit à Toulouse et c'est à la cour des aides de Périgueux qu'il entame un cursus professionnel au sein de la magistrature de la province de Guyenne qui le mène en 1557 au parlement de Bordeaux où il va occuper pendant treize ans le poste de conseiller.

Surtout, il connaîtra une solide amitié avec Etienne de La Boétie, collège de parlement, qui lui enseignera le stoïcisme. Il le rencontre à l'âge de vingt-cinq ans. La Boétie est plus connu que Montaigne. Il est juriste avec une solide culture humaniste, il écrit des poésies latines et des traités politiques.

L'amitié entre les deux hommes est devenue presque légendaire. Mais quatre ans après leur rencontre, Etienne de La Boétie meurt de la peste ou de la tuberculose en 1563.

Montaigne devient un lecteur assidu, un homme mélancolique. Il épouse le 23 septembre 1565 Françoise de la Chassaigne qui a vingt ans.

En 1568, à la mort de son père, il hérite de la terre et du titre de « seigneur de Montaigne », il devient riche. Il se défait de sa charge de magistrat diplomate en 1570.

En démissionnant du parlement, Montaigne souhaite changer de vie, il se retire sur ses terres :
de 1571 à 1580, Montaigne mènera une vie consacrée à la réflexion, la lecture, et la rédaction de son œuvre majeure : *Les essais*.

Ce qui caractérise le style de Montaigne, c'est une grande intensité d'expression tout en étant naturel et simple. Montaigne veut une langue simple mais à la fois expressive. Il est l'écrivain qui utilise le plus de comparaisons vives, de nombreuses métaphores. Aussi, il multiplie dans ses œuvres, les citations latines pour embellir ses pensées.

En 1571, il est fait chevalier de l'ordre de Saint-Michel par Charles IX qui l'inscrit encore pour le nommer gentilhomme ordinaire de sa chambre en 1573.

En 1574, il est chargé d'une mission auprès du Parlement de Bordeaux.

En 1578, la « maladie de la pierre » commence à cruellement le faire souffrir. En 1580, il essaie de guérir en voyageant vers des lieux de cure, d'essayer les « eaux » qui peut-être le soigneront.

Il passe à Paris, Plombière, Baden, Munich, passe en Italie.

De retour en France, il devient alors maire de Bordeaux en septembre 1581.

Grâce à ses nombreux voyages, Il revient avec une expérience incroyable qui lui sera bien utile, puisqu'à Bordeaux les évènements se précipitent dès 1583. Sa mission durant les crises est essentielle.

Malheureusement la maladie de la peste atteint Bordeaux. Il va fuir devant cette atroce épidémie.

De 1586 à 1592, il va se consacrer à ses écrits, même s'il garde toujours un rôle politique durant ces périodes troublés et extrêmement difficiles.

Montaigne meurt paisiblement dans son château le 13 septembre 1592.

Sa veuve respecte son souhait et le fait transporter à Bordeaux en l'église des Feuillants où il est inhumé. Mais lors de la démolition du couvent des Feuillants, ses cendres sont transportées au dépositoire du cimetière de la Chartreuse. Les cendres du philosophe, mêlées à celles des Dominicains des Feuillants, sont enfouies dans les murs du sous-sol du Musée d'Aquitaine.

Montaigne restera l'un homme aux deux passions essentielles : Vérité et Liberté.

Printed in Great Britain
by Amazon